Jose Velasquez

Honor, calas y cartas

Jose Velasquez

Honor, calas y cartas

las cartas del mas alla

JustFiction Edition

Cover image: www.ingimage.com

Publisher:
JustFiction! Edition
is a trademark of
Dodo Books Indian Ocean Ltd., member of the OmniScriptum S.R.L Publishing group
str. A.Russo 15, of. 61, Chisinau-2068, Republic of Moldova Europe
Printed at: see last page
ISBN: 978-620-3-57581-1

Mademoiselle Aimée Randonnet
Melle Aimée Randonnet
à Loubillé
F.M.

Mi vida fue complicada desde el principio, mi nacimiento fue particular, en la habitación de un hotel ni siquiera logré llegar al hospital para salir del vientre de mi madre. Al lograr contemplar la luz por primera vez, solo un rostro pude ver tomándome entre sus brazos, ciertamente era mi padre; luego de ello vi a mi madre y así inicio mi vida, muy complicada desde el principio de allí una vez fuera de la barriga de mi madre como por obvias razones nos dirigimos al hospital más cercano para que atendieran a mi madre y a mí, tenían que ver en qué estado me encontraba atenderme e identificarme y así ocurrió; solo estuve en ese hospital 2 días mi estado de salud era bueno y mi madre igual, mis padres tenían una pequeña cabaña en un lugar cercano a las afueras de "Barcelona".

Así transcurrió parte de mi niñez algo alocada vista desde el punto de vista de un niño, no diferenciaba entre lo bueno y lo malo, solo eran cosas que pasaban a las cuales no les prestaba menor importancia, como el hecho de los insoportables gritos de mamá gritando a papá, eso si me molestaba e irritaba los golpes que se propinaban entre ellos, también me alteraban, la tensión en el ambiente , mi padre nunca me puso un dedo encima lo contrario de mama, él era diferente conmigo me trabaja con amor y cariño era muy afectuoso conmigo tenía un lazo muy fuerte con él pero sin importarle ese lazo que teníamos de la noche a la mañana lo rompió y más nunca volví a ver, a ese sujeto que me cargaba entre sus brazos y me hacía reír sin parar , quien me alegraba desde el momento en el que despertaba hasta que me dormía en sus brazos, algo o alguna parte de mi se fue con él , no lo volví a ver , mi madre por otro lado "Carolina" se alejó de mi dejándome con una especie de cuidadora o algo así, la cual prácticamente me crio "Susana" era su nombre ella muy dulce conmigo, crecí con ella como figura materna más que con mi propia madre que vivía con nosotros.

Pasaron los años ya tenía 8 años estaba en la escuela, no me parecía agradable de verdad pero no tenía elección era eso o estar en casa viendo al fantasma de mamá pasar de un lado a otro "Susana" ya no estaba con nosotros hace algún tiempo mamá la despidió ya había cumplido su propósito de criarme así pensé pero como todo en mi vida era tan pasajero la deje ir sin poner mucho pretexto, me dedique a ir a la escuela volver hacer mis tareas dormir comer era monotonía al extremo por otro lado mi madre no estaba en casa solo la veía en en el día y por momentos cortos donde se acercaba a saludarme dándome un abrazo frío para luego irse a realizar sus quehaceres que solo ella sabía cuáles eran , ya estaba cansado de la escuela estaba cansado de todo nada tenía sentido, incluso tenía problemas para tener amigos siempre me alejaba de los demás de hecho era inmune al bullying los que intentaban practicarlo conmigo terminaban en la enfermería no les permitía que se metieran conmigo pero no me importaba mirar cómo se lo hacían a los demás no movía un dedo para ayudar a los demás, en pocas palabras no me importaba y un día común y corriente como todos los que transcurrían aburridamente en mi vida, llegue a mi casa y por mera casualidad mire en el buzón de correo que estaba la banderita arriba, habían entregado el correo, al abrir habían una carta dirigida a mí con el sello del ejército español, me pareció extraño estaba muy chico para que el ejército me quisiera reclutar o algo así la tome y fuí a mi cuarto, al abrirla ví el nombre de “James Phil” tenía mi apellido algo raro al leerla primera mente sentí algo de emoción, al ver las primeras palabras que decían: “querido hijo” al parecer esta carta la escribía aquella persona la cual me dió aquellos primeros momentos de alegría que no experimente hasta ahora que volví a saber de él era raro mis sentimientos en ese momento íra, alegría, tristeza no sabía que sentía por aquella persona que me dejo y años después apareció diciéndome querido hijo?, no sabía si seguir leyendo aquello o botarlos e ignorar el hecho de que posiblemente mi padre me escribía así que guarde la carta sin terminar de leerla estaba muy exaltado para continuar pensé en contarle a mi mamá pero en ese momento era mejor no decir nada así que me acosté en mi cama a mirar el techo hasta quedarme dormido tratando de recordar el rostro de aquella persona que tanto significó para mí pero había pasado tanto tiempo que no recordaba ese rostro, solo la emoción que sentía cuando estábamos juntos, sin pensar en más guarde la carta no quería mostrársela a mi mamá o mejor dicho no quería que ella se enterara de eso al fin y al cabo no era su problema . Pasaron varios días los cuales al regresar de la escuela revisaba el correo tomando las cartas que llegaban y guardándolas y así transcurrieron varios días y semanas de ida y vuelta de la aburrida escuela a ver la soledad de mi hogar, ver a mi madre pasearse en la casa como un fantasma sin mediar palabras conmigo solo dejaba dinero en la mesa para que yo utilizara si así quería porque a pesar de todo no vivimos mal teníamos una casa y comida, al cabo de unas semanas ya había olvidado lo de las cartas solo las tomaba y no las leía y había visto a mi madre varias veces en casa en horas de la noche, algo inusual ya que ella trabajaba de noche nunca estaba en casa en horas de la noche pero por alguna razón estaba en casa y no salía a ningún lado y así se quedó por unos días sin embargo ella solo estaba en su dormitorio ahora ella me preparaba la comida y me la dejaba en la mesa antes de irse a su cuarto ya no tenía que cocinar era algo bueno pero no sabía que le pasaba estaba extraña, al día siguiente me sentía algo mal de salud así que decidí no ir a la escuela al bajar estaba mi mamá sentada en la cocina mirando hacia lo profundo de la nada perdida en sus **pensamientos**, al verme se sorprendió y me dijo: ¿porque no estaba en la escuela? , le dije que me sentía un poco mal, así que decidí no ir ella me miró y note que estaba llorando, le pregunte: ¿porque estas llorando? ¿qué te sucede?, con un suspiro profundo me dijo: siéntate quiero contarte algo, hace mucho tiempo como lo sabes tu papá nos dejó no teníamos a donde ir ni dinero no sé porque lo hizo imagine que era por otra mujer los hombres hacen eso a menudo, pero el hecho es que se fue, pase por mucho criándote aunque nunca fui una madre ejemplar, trabajé duro para que nada te faltara, nunca pasaste hambre ese era la idea y ahora puedo decir que eres un niño muy inteligente y que podrás valerte por ti mismo, a que te refieres con valerme por mí mismo le pregunte , Jimmy estoy enferma ¡ si yo también estoy enfermo le dije, no hijo esto es diferente en mi trabajo contraje una enfermedad que me está matando he luchado por un tiempo pero ya estoy perdiendo la batalla aquí está la carta del médico que reviso mis exámenes ayer dice que tengo un estado grave de "Cáncer" no me queda mucho tiempo de vida, debo operarme y así quizás alargue mi vida un poco más, le dije esta bien debemos ir a que te operen no hay que tardar, me miro a los ojos y lágrimas salieron de ellos vi tristeza en ese rostro que aunque fuece mi madre no era tan cercano pero aun así era mi madre. Bajó la cabeza y me mostro otra carta mira hijo este es el costo de la operación al verlo era algo costoso pero ella dice tengo el dinero de la operación, esta bien perfecto vamos entonces mamá al hospital a que te operen le dije, ella me miro nuevamente y sonreía con esa sonrisa me dijo, hijo ese dinero es todo lo q me queda si me opero no tendré, nada más y solo tendré la esperanza de vivir un poco más que quizás no sea mucho tiempo, decidí darte ese dinero a ti preocúpate por tu futuro el mío ya está seguro ¡moriré! en cualquier momento y tú debes seguir adelante me alegra que seas independiente y estoy segura que estarás bien ese dinero es tuyo hijo aunque seas un niño eres muy listo encontraras la manera de salir adelante además tengo otra cosa para ti y allí me mostro un montón de cartas selladas, eran cartas para mi venían del ejercito eran de mi padre y ella no me las había entregado, él me había estado escribiendo durante mucho tiempo y yo no sabía, solo tenía aquellas cartas de hace una semana quizás y no le había contestado porque pensaba que había decidido escribirme en ese momento, pero no siempre lo había hecho pero mi madre no me había dicho nada al respecto, estaba enfadado pero ella estaba en sus últimos momentos el enojo era pasajero al verla en esa situación .

Al darme las cartas se levantó y me dio una caja con todo el dinero en efectivo al verlo no sabía que hacer ella me dijo sé bueno Jimmy y sigue adelante y se marchó a su habitación yo tomé las cartas y fuí a mi cuarto a leerlas eran de mi padre todas, de mi padre estaba emocionado me decía dónde estaba y que esperaba que pronto lo visitará si así quería y por supuesto que lo haría tome las cartas y las guarde , pase la noche pensando en que haría de aquí en adelante y a las 3:00 escuche un golpe fuerte en el cuarto me mi madre al ir a echar un vistazo era ella tirada en el suelo la levante y no respondía su mirada estaba perdida no respiraba!! se había ido tal y como lo dijo, impactante ese momento para mí que solo era un niño no sabía que hacer las lágrimas salían de mis ojos por sí solas aunque no estaba seguro de que sentía seguía siendo mi madre asumo que algún instinto actuó en ese momento haciéndome llorar me levante y fuí a mi cuarto, duré 3 horas llorando pensando ¿que sería de mi vida de aquí en adelante?, aunque tenía dinero era solo un niño que para la fecha tenía solo 8 años, siendo las 8:00am me levanté del suelo tome mi mochila y allí metí todo el dinero y comencé a caminar sin rumbo alguno caminé y caminé, hasta que decidí ir a donde estaba mi padre, al ocurrírseme esa idea me emocione y olvidé por un momento la triste imagen de mi madre tirada en el suelo de piso sin vida , si mal no recuerdo mi padre se encontraba en el ejercito vi la dirección en una de las cartas era un regimiento dentro del estado pero eso estaba muy lejos así que iba a ser un largo viaje per no tenía otro lugar a donde ir tome un autobús desde “Barcelona” que era mi ciudad natal hasta “Madrid” donde se encontraban los cuarteles del ejercito donde supuestamente estaba mi padre, tomé varios camiones o transportes hasta llegar a aquel lugar, era un cuartel me imaginé la figura de mi padre esperándome allí con un abrazo pero la cosa no era tan sencilla llegué a la entrada de aquel lugar habían varios sujetos uniformados con armas enormes como custodiando esa entrada y con caras de robot, al verlos desde abajo ellos me preguntaron, ¿niño que haces aquí? no puedes permanecer en este lugar , rápidamente antes que me sacaran, les dije q estaba buscando a mi padre él estaba allí adentro era igual que ustedes uno de esos sujetos me pregunto cómo se llama tu padre? Le conteste “James Phil ”ese ese es su nombre , al parecer si lo conocían aquellos hombres se sorprendieron al saber que yo era su hijo o del hecho que tuviera uno, en ese instante otro sujeto con una vestimenta más elegante que aquellos dos hombres llego y el ambiente cambio todo se puso tenso, los dos hombres cambiaron sus caras y no hablaron ni una palabras más que a la orden SEÑOR; parece que era su jefe o algo así al mirarme fijamente de pies a cabeza sin mucho rodeo, dió la orden de que me sacaran de allí, rápidamente le dije que mi padre estaba allí adentro pero él ni siquiera volteo a mirarme solo dió la orden de que me sacaran y aquellos hombres sin titubear me sacaron del lugar , ahora si no tenía a donde ir, tenía dinero pero con mi edad no tenía conciencia o inteligencia suficiente de cómo usarlo así que camine a un lugar de donde había algunas personas comiendo y allí les pedí comida, habían algunos meseros que al mirarme todo sucio me corrieron del lugar estaba furioso les grite ¡PAGARE TENGO DINERO! pagaría por la comida y abrí mi bolso y saque algunos billetes y se los di el mesonero que me saco del lugar, miro fijamente mi cara y me dijo está bien que es lo que vas a comer con una cara amablemente sospechosa, tomo el dinero y me trajo un plato de comida y una bebida sigilosamente miraba mi bolso con ansias de ver que había adentro, y en un descuido logro ver que llevaba dinero y me dijo : ¿estas solo niño? yo le conteste: si estoy solo, después de comer tome mi bolso y caminé buscando un lugar a donde pasar la noche caminé varias cuadras inconscientemente estaba regresando al cuartel donde estaba mi padre, cuando de la nada sentí que alguien tomo por la parte de atrás mi bolso me asuste y lo agarre con fuerza al ver que no lo solté un golpe fuerte en la cabeza me lanzo al suelo seguido de patadas me dejaron casi inconsciente tirado a casi una cuadra del cuartel para mi mala suerte en ese momento nadie miro lo que estaba ocurriendo, me habían quitado mi mochila y me habían dejado mal herido en el suelo, llorando de desesperación y ahora si sin absolutamente nada me levante y volví al cuartel donde nuevamente estaba aquel sujeto con su uniforme elegante al verme todo ensangrentado se asombró y me pregunto muchacho que te sucedió ¿ me robaron mi bolso señor a la vuelta de la esquina y me golpearon, a ver siéntate, toma algo de agua y dime: ¿que es lo que haces aquí? vine a pedir ayuda, voy a llamar a la policía para que busquen a tus padres y pongan la denuncia del robo mandaré a mis muchachos que recorran el lugar podríamos encontrar algo, mando a tres hombres en un auto a darle vueltas a la zona pero sin éxito obviamente, aquel hombre era un general de ese ejército y prácticamente vivía allí en ese lugar me pregunto, que haces aquí, en horas de la mañana te vi aquí que es lo que querías le dije estoy buscando a mi padre él trabaja aquí, trabaja aquí? como se llama me pregunto, James Phil le dije, ¡vaya! ¿James tiene un hijo? no lo sabía, hijo tengo tiempo sin saber de él y si mal no recuerdo, él está en una misión pero no estoy seguro donde, con un escuadrón lleva más de 7 meses en las selva amazónica es lo que creo, vamos a llamar a la policía y a tu madre para que vayas a tu casa, no señor yo no tengo casa ni madre tampoco murió hace unos días no tengo familia, ella era la única familia que tenia a mi lado y ahora solo me queda a mi padre por eso vine a buscarlo, aquel hombre sorprendido y con una cara de preocupación, me dijo: de acuerdo ya es algo tarde dejaré que te quedes aquí esta noche, mañana buscaremos que hacer, mandó a uno de sus subordinados a buscar algo parecido a un colchón y allí pues en una oficina me lo colocaron y pasé la noche todo adolorido por aquella golpiza que recibí por defender mi bolso.

Al día siguiente eran ya las 10 am el general estaba allí hablando con otro sujeto, estaba dándole una información y unos papeles, yo estaba casi dormido aun los observaba y ellos me miraban al darse cuenta que yo los estaba mirando se retiraron del lugar, me levanté, el general me miró y me dijo chico ve al baño y dúchate, lava tus dientes allí mande a dejarte una toalla y crema con un cepillo de dientes ve y luego vuelves para que tomes el desayuno, aquel hombre estaba muy amable pero procedí a hacer todo lo que me dijo me bañe lave mis dientes y regrese estaba sentado en su oficina espiándome con cara de preocupación, se levantó y cerró la puerta luego de que yo entrara a su oficina y me dijo: chico yo no puedo andar con rodeos, no sé cómo tratar a un niño, solo sé dar órdenes y castigar a adultos como vez soy la peor persona que te tocó en este momento y te diré sin rodeos, trate de averiguar sobre tu padre , ¡sentí emoción! por fin sabría de mi padre y él de mí, pensé alegre he inocentemente como niño que era, pero al parecer no era nada bonito lo que me venía encima, me dijo el general "ANDREW PAREDES": hace un momento llego la información que mande a solicitar de tu padre y al parecer lleva más de un año que salió con un grupo a una misión en la selva amazónica pasado el año no supimos más de ese grupo ni de la misión y fueron dados por muertos en acción, nuevamente mi corazón latía fuerte y sin control pensaba que se saldría de mi pecho no podía creer la única persona que me quedaba en la vida a la cual podría aferrarme había muerto ahora estaba completamente solo no tenía a absolutamente nadie yo solo un niño de 8 años , no podía creer lo q me estaba pasando y al entrar en razón me encontraba en el suelo llorando sin control con la mirada fija del general el cual me tomo por el brazo y me dijo: tranquilo chico no te dejare solo puedes llorar todo lo que quieras ven quédate aquí te dejare solo, entre en una oficina era su oficina allí pase todo el resto del día llorando al fin y al cabo solo era un niño el cual había perdido a sus padres que más podía hacer llegada la noche el general abrió la puerta me encontró en un sofá tirado no valía ni un peso, él se sentó a mi lado y me dijo: oye chico ¿que harás ahora? solo eres un niño, - yo lo sé solo soy un niño no tengo a donde ir, ni ninguna familia por lo menos que yo conozca le dije, - bueno yo por otra parte tampoco tengo familia me dijo el general, de hecho nunca pensé en tenerla toda mi vida la dedique a ser un soldado y ahora ya soy uno de alto rango y al parecer así moriré, creo que debo irme de aquí ya no tengo nada que hacer en este lugar dije y el contesto ¿adonde iras? no tienes a donde ir, tú mismo lo dijiste si sales por esa puerta más temprano que tarde te veré en las noticias o en los periódicos, si quieres puedes quedarte aquí conmigo yo prácticamente vivo aquí claro tengo mi casa pero me gusta estar aquí este lugar tiene cuartos, baños y pues podrías vivir aquí si así lo quieres, le dije - pero ¿no soy muy pequeño aun para ser un soldado como usted? - no vas a ser ningún soldado puedes quedarte aquí, quizás cuando estés más grande puedas volverte un soldado como tu padre, no tenía elección no tenía a donde ir no tenía dinero y a nadie a quien recurrir así que acepte la propuesta y me quedé.

Al pasar algunos meses solo limpiar y ordenar los desastres que dejaban los soldados que allí vivían era lo que hacia todo el día y más obedecer las ordenes que daba el general solo eso hacía en aquel lugar, pasado ya casi el año de estar allí de vivir allí el general me dio la noticia que había logrado convencer a los altos mandos de ingresarme al programa de formación militar. Oye Jimmy tengo una noticia que darte quizás sea buena solo escucha, después de un largo tiempo hablando logre convencer a los altos mandos de que te aceptaran para que ingresaras en la academia sé que eres joven pero es eso o seguir limpiando en este lugar, rápidamente dije que si con emisión era algo distinto y quizás motivador podría soñar con volverme un soldado como mi padre, debo advertirte que los alumnos que allí son mayores que tu el más joven tiene 15 años tu solo tienes 9 recién cumplidos así que no la tendrás fácil me dijo , mi vida no ha sido fácil porque ha de serlo ahora le contesté, - así es muchacho no me decepciones, comienzas mañana mismo, dijo el general .

Al día siguiente un cadete ya graduado de la academia fue a buscarme a mi cuarto que no era más que un pequeño cubículo en medio de la oficina del general vamos Jimmy tengo que llevarle a donde empezaras a quedarte, estaba emocionado tome la poca ropa que tenía y me fuí con aquel sujeto, me dijo tira a la basura esa ropa no te servirá de nada la tomo de mis manos y la arrojo a un contenedor de basura que se encontraba en el camino hacia el lugar a donde me llevaba, al llegar era una especie de casa grande estaba obviamente dentro del complejo o regimiento al abrir la puerta habían muchas camas era como un cuarto inmenso, me dijo el cadete: este lugar será tu casa de ahora en adelante y esta será tu cama, era un litera mi colchón era el de la parte de abajo tenía mi nombre y todo, y en medio de la cama había un empaque grande el cadete lo abrió y habían varios uniformes, me dijo bien estos son tus uniformes, este es el uniforme el cual deber llevar a clases todos los días aquí hay ropa interior medias y unas botas en esta bolsa hay ropa para dormir o uso cuando no estés en clases y este es el uniforme para eventos es todo lo que te acompañará, a partir de ahora recuerda cuidarlo bien y lava tu ropa interior todo los días porqué solo tienes esas, mantén tus botas limpias siempre recuerda bien lo que te dije son las 08:00am, a las 09:00am debes estar en el salón 04, allí te dirán que hacer y no olvides vestirte con el uniforme ese será tu ropa diaria a partir de hoy, y sin más se dió media vuelta y se fué dejándome solo en ese lugar al ver que eran ya pasadas las 08:00am tome un baño y me vestí como dijo el cadete pero todos los uniformes me quedaban algo grandes no tenía más opción que ir de esa manera, camine al lugar que me indicaron y toque la puerta una señora grande con un uniforme verde y muchas estrellas pegadas a su camisa me abrió la puerta me miro de arriba abajo y me dijo adelante pasa tu debes ser Jimmy ¿cierto?, - si le dije, a aquella señora con algo de miedo, de hecho ella intimidaba mucho más que el general Andrew. Al entrar había una cantidad considerable de personas o de jóvenes, imaginé que sería algo parecido a la escuela eran alrededor de 100 pero todos eran mayores que yo, caminé al lado de ellos, muchos se reían imagino por lo grande de la ropa que llevaba puesta, tomé el puesto que me había indicado la señora intimidante; no pasó mucho cuando llego otro sujeto con una cara muy agresiva se colocó frente a mí y me miró de arriba abajo, al parecer era una costumbre de todos los militares pero en un momento soltó un grito que me dejo aturdido diciéndome: ¿que significa esto? ¿que haces aquí mocoso? me dijo, con algo de miedo baje mi mirada no sabía que decir no podía contestar a alguien que parecía que me mataría si decía algo malo y nuevamente me gritó ¿basura que haces aquí? ¿como alguien como tú puede estar aquí? ¿quien permitió esto? es un insulto para todos ustedes cadetes que este bebé de mamá este aquí ¿no lo creen? - sí señor Gritaron todos al mismo tiempo, - creo que debes irte de aquí y regresar por donde viniste enano, entre risas escondidas de muchos de los cadetes que allí estaban una lagrima salió de mi ojo desgraciadamente no pude limpiarla a tiempo y al ser vista por el cadete con gritos y más agresivo que nunca me dijo aparte de enano eres un llorón de mamá, aquí no queremos consentidos largo de aquí, respire profundo y me mantuve firme no pensaba irme de allí no podía renunciar a aquello que decidí hacer, al volverme a gritar le contesté, - no me iré de aquí señor, lo siento pero no puedo; le dije con tono tembloroso, estaba casi por irme en llanto, ¿no te iras? - vete a llorar a otro lugar, grité - ¡no señor no me iré! si lo hago mi padre no estará orgulloso de mí, donde quiera que el esté, quiero que se sienta orgulloso de mí, que algún día se sienta orgulloso de mí y mi madre también; bajo el tono agresivo y me pregunto se puede saber ¿dónde están tus padres enano? - muertos señor respondí , un silencio tomó el lugar y el cadete agresivo bajo el volumen de sus gritos y me dijo por qué había decidido venir a este lugar y siendo tan pequeño, le conteste mi papá era un soldado su nombre era JAMES PHILL y murió según me conto el general ANDREW vine aquí a buscarlo el año pasado y aquí he permanecido desde entonces no tengo a donde ir no tengo familia así que no tengo muchas opciones SEÑOR!, aquel cadete que se mostró malo y rudo me dio una palmada en la espalda y me dijo debes limpiar bien tus botas, en un principio me fije en ti por ello trata de que siempre estén brillantes sin ningún tipo de sucio y camino hacia el centro de la fila gritando al resto de los alumnos que se encontraban allí formados, y así fué mi inicio en esa rama del ejército, así transcurrieron alrededor de 15 años .

Teniendo ya la mayoría de edad mi cargo o rango era de teniente el rango que alguna vez tuvo mi padre ya hacía algo de tiempo que me había graduado y luego de graduarme de la academia, continúe hasta obtener este cargo, misión tras misión obtuve experiencia en el campo ya mi vida tomaba forma en el ambiente de aquel regimiento el general Andrew, siempre me miraba con orgullo yo era lo más cercano a un hijo para él, y al igual que él, prácticamente vivíamos en ese lugar yo a diferencia de él no tenía ningún lugar a donde ir así que era comprensible que me quedara allí día y noche pero sin embargo con el pasar del tiempo había comprado un pequeño departamento donde tenía algunas cosas pero casi nunca iba a ese lugar, un día decidí ir a mi apartamento solo de visita lo compre a manera de ahorro y tenía que ir de vez en cuando para vigilar que todo estuviese bien y bueno así sucedió, fuí a visitar el lugar y de hecho estuve más de una semana de permiso y me quedé en ese lugar tratando de relajarme un poco y tranquilizarme de aquella vida de gritos y de mandos que ofrecía el ejército. Llegando ya casi la última noche mi teléfono sonó, eran pasadas las 09:00 pm atendí y un soldado raso uno de los que el general ANDREW tenía custodiando la entrada del regimiento me dijo que debía regresar pronto era una emergencia el general estaba en el ala medica parece que estaba enfermo y no sabían su estado de salud, de un brinco caí al suelo me levante y me vestí, tome el auto y me dirigí lo más rápido posible al regimiento saltándome semáforos rojos por doquier, al llegar al regimiento el soldado que me llamo estaba esperándome me dijo donde lo tenían y como un loco corriendo fui a ver que era lo que sucedía, al llegar al lugar se encontraba el médico, al parecer estaba esperándome, yo no sabía que era lo que sucedía pregunte sin titubear ¿cómo está el general? el medico me dijo mirando al suelo tuvo un infarto, no lo resistió estábamos esperando que llegaras ya que tú eres el único pariente que él tiene o por lo menos eso es lo que dice su testamento, al entregarme el testamento claramente decía que yo era su hijo adoptivo y todas sus pertenencias pasaban a ser mías, no podía creer que el general ¡estaba muerto!, la única persona que estuvo conmigo desde que llegue como un loco a este lugar ya no estaba, otra vez la vida me arrebataba lo único que tenía y me dejaba solo y de nuevo sentí el dolor que ya hacía tiempo había dejado atrás, esta vez ya como un hombre debía resistirlo. Entre los papeles que me entrego el doctor estaban varios manifiestos de investigaciones que estaba realizando el general al parecer a escondidas, tome esas hojas y las coloque en un escritorio donde quizás en otro momento las miraría con más atención solo pensaba en la sensación tan horrible que creí había olvidado pero la vida se empeñaba en recordármela de la peor manera. Sin remedio alguno tuve que aceptar la realidad, la única persona importante en mi vida, la que había demostrado interés en mí y creyó en mi cuando nadie lo hizo, la persona que me dió una segunda oportunidad se había ido para siempre, no me quedaba más remedio que aceptar la realidad y en su honor seguir adelante ser un buen ejemplo para los demás como soldado de alto rango, y hacer sentir orgulloso al general y a mi padre donde quiera que estén.

Al día siguiente me levante y miré los documentos que el doctor me había entregado eran varias hojas que no había tenido interés en mirar en ese momento debido a lo que sucedía allí, los tome y me senté en la orilla de la cama aún era temprano para presentarme en el regimiento a mis deberes así que los revisé, no eran más que investigaciones y me asombré al ver que toda esa investigación era sobre mi padre, era sobre que había sucedido con él y pude notar que no había ningún documento o prueba que decía que había sido dado de baja en acción pero no le preste mucha atención solo eran papeles ya todo eso era parte del pasado y no quería volver a ello o darme falsas ilusiones de que mi padre estaba vivo en algún lugar, coloque esas hojas a un lado de la cama y me aliste para irme al regimiento una vez allá pude notar enseguida que estaba otro sujeto al parecer con el mismo rango que el general ANDREW o quizás más alto de hecho había varios sujetos pertenecientes a otras ramas de la seguridad nacional policías y fuerzas especiales anti narcóticos, no entendí lo que sucedía así que no le presté mucha atención, ya que no era de mi incumbencia, tome dirección a mi pelotón que me estaba esperando para ejercicios de disparos, que teníamos para ese día, pero al llegar al sitio donde se encontraba mi pelotón estaban dos sujetos que al parecer me esperaban a mí, preguntaron ¿tu eres el teniente Jimmy? conteste así es SEÑOR ¿que se les ofrece? por favor venga con nosotros, el general ANDRES mando a buscarlo a usted necesita explicarle algo importante lo más pronto posible, está bien le conteste, deje el mando de los ejercicios de mi pelotón a un soldado más antiguo y me dirigí hacia al lugar donde se encontraba el general. Al llegar el general me miró fijamente y dijo ¿tú eres Jimmy? el general Andrews, me habló muy bien de ti, me dijo que tú eras perfecto para esta misión, de hecho me dijo que no eligiera a otro más que a ti para esto, éramos muy buenos amigos Andrew y yo, asombrado pregunte ¿se puede saber de qué están hablando? dije, ¡claro ya te explico! contesto el general - antes que todo déjame presentarme yo soy el general Andrés, estaré a cargo de este lugar a partir de hoy debido a la lamentable partida de Andrew, lo siento mucho chico sé que eran muy cercanos, ¡gracias! contesté, aún tenía la interrogante de cual era la supuesta misión, pues comenzaré a explicarte estamos en asociación con las fuerzas anti narcóticos, tenemos en manos una operación para localizar a un sujeto sumamente peligroso el cual según nuestras fuentes se encuentra escondido en la selva amazónica, tú tienes algo de experiencia en ese lugar has tenido algunas misiones de reconocimiento en ese lugar así que creo que vendrá bien esa experiencia la misión comenzará mañana a las 08.00am tu dirigirás un pelotón el cual será llevado a una zona segura de allí en adelante deberán seguir ordenes que serán dadas bajo radios de frecuencia alta, debido a lo sucedido no podía negarme así que acepte la misión, tómate el resto del día libre, vé a casa y preséntate mañana aquí a las 07.00am me dijo. si SEÑOR salí de allí rumbo a mi apartamento a pensar en la misión que me habían encomendado y en ¿por qué a mí? y peor aún porque el general Andrew me había recomendado para ella. llegado el día siguiente ya estaba presente en el sitio esperando ordenes de salida, luego 5 hombres y dos chicas llegaron al sitio también al parecer eran parte del equipo para esta misión, eran soldados de rango medio, yo iba a comandar la misión, así que se presentaron conmigo rápidamente, un soldado llegó con las instrucciones de abordar el avión, el cual estaba listo para partir y dar inicio a la misión encomendada, todos subimos y se presentaron uno por uno me dijeron sus nombre ; CARLOS, TOM, EDUAR,PEDRO,BERNARDO,HANNA y CARLA eran los nombres de estos chicos que eran muy jóvenes.

Muy bien presten atención ya me dijeron sus nombres ahora les diré el mío es Jimmy teniente Jimmy yo dirijo esta misión por si no están enterados esta misión es de reconocimiento y búsqueda no sabemos cuánto tiempo estaremos en aquel lugar así que estaremos solos en un lugar sumamente peligroso, tendremos en contra no solo a la gente de allí también a la fauna y a la misma selva, no desobedezcan mis ordenes no debemos tener bajas en esta misión así que espero mucho de ustedes, estaban algo asustados pero aceptaron lo que les estaba diciendo, en ese momento sonó una alarma en el avión y una luz roja se encendió y bajo uno de los pilotos de avión ya casi llegamos pero tengo una mala noticia no podremos aterrizar así que tendrán que saltar del avión con paracaídas, todos se sorprendieron pero se levantaron y tomaron cada uno un paracaídas esperando mis instrucciones al parecer eran buenos soldados algo asustadizos pero actuabas antes de tener miedo eso era bueno dejaban el miedo a un lado, comenzó la cuenta regresiva y abrieron la compuerta del avión preparándonos para lanzarnos al vacío en 3.. 2.. 1.. y uno a uno comenzaron a lanzarse y al darme cuenta ya todos estábamos en el aire con los paracaídas abiertos casi llegando a tocar tierra, tocamos tierra y soltamos los paracaídas, debemos guardarlos, HANNA por favor toma la brújula y dibuja la ubicación exacta donde nos encontramos le dije, rápidamente se puso en acción mientras el resto recogían los paracaídas y trataban de hacer un perímetro seguro, perímetro asegurado SEÑOR me dijo CARLOS paracaídas guardados dijo EDUAR a mi lado se paró HANNA SR ya tengo la ubicación exacta me entrego un papel y al mirarlo me asombro ver que estábamos en un lugar extremadamente peligroso era un lugar donde se encontraban escondidas muchas granjas de coca y narcos muy peligrosos, nos lanzaron en un lugar muy peligroso, esto no era bueno, le pregunte a Carlos ¿está asegurado el perímetro? si Señor contesto, debemos irnos de aquí estamos expuestos, vengan tengo que darles información importante, todos se acercaron y les dije todo con lujos y detalles, escuchen estamos en un lugar muy peligroso debemos ser sigilosos lo importante es que no seamos vistos por nadie, estamos en un lugar donde se supone hay muchas granjas de coca de narcos muy peligrosos y gente muy peligrosa si nos dejamos ver regaran la voz y no duraremos mucho, ellos conocen muy bien este lugar nosotros no, aunque parezca que esto es una selva no lo es, está llena de gente peligrosa y si a eso añadimos los animales y plantas venenosas todo está en nuestra contra, al decir todo esto la tropa tomo cara de asustada nuevamente pero no tenían más opción que seguir adelante en ese lugar yo tenía algo de experiencia en comparación con ellos, así que debían seguirme sin dudar, recojamos todos y comencemos a avanzar ya esto es una misión de supervivencia señores debemos salir de aquí y en el camino peinar la zona si no damos con los objetivos de la misión yo hablare con el general esto no era parte de la misión esto es zona de guerra, caminamos entre la espesura de la selva y como dije solo un kilómetro caminamos y comenzamos a ver indicios de que había gente a nuestro alrededor ramas rotas y colillas de cigarros más huellas de zapatos marcadas en el barro, decidí no avanzar más, ya casi caía la noche les dije a mi tropa pasaremos la noche aquí tomaremos turnos para vigilar dos despiertos 6 descansando, rondas de 3 horas, no haremos fogatas así que estaremos en la oscuridad total, dependeremos solamente de nuestros oídos y si notamos alguna luz sospechosa hay que alertar a todos ¿de acuerdo?, SI SEÑOR dijeron todos, estábamos cerca de un pequeño río, así que buscamos agua y comimos algo de los suministros que habíamos traído, comenzamos con las rondas de guardias la noche estaba muy ruidosa estábamos en plena selva todo hacía mucho ruido allí y entre la oscuridad se podía ver a lo lejos destellos de luz como si se trataran de linternas a lo lejos casi nadie pudo dormir todos al parecer permanecimos despiertos , al llegar el amanecer los soldados estaban agradecimos de ver la luz del día creían que algo malo les pasaría en plena oscuridad ¡gracias a Dios no paso nada!. Tomamos nuestras cosas y continuamos caminando, ya habíamos trazado una ruta en el mapa la cual nos llevaría hacia la frontera con Brasil, allí si lográbamos llegar podríamos estaríamos a salvo, esta misión era muy peligrosa el lugar donde estábamos estaba repleto de personar peligrosas narcotraficantes, paramilitares entre otros hostiles; que de vernos, sin duda abrirían fuego contra nosotros debíamos tener ¡mucho cuidado! En pleno camino Carlos levantó la mano e hizo la señal de atención y todos nos tiramos al suelo, al parecer había visto algo sospechoso, arrastrándome por el piso me dirigí hacia donde estaba Carlos al frente de la fila guiando a la tropa mientras yo analizaba la situación, al llegar a donde él se encontraba pude ver claramente lo que parecía una casa en medio de una espesura de selva muy grande, era obvio que la casa estaba muy buen oculta y en ese preciso momento mis temores se hicieron realidad , dos camionetas llegaron a esa casa saliendo de la selva en una carretera muy bien oculta, de esa camioneta se bajaron alrededor de 7 hombres fuertemente armados los cuales tenían a uno amarrado y lo bajaron del auto a golpes, otro sujeto ya era de la tercera edad se encontraba caminando detrás de ellos al parecer trabajaba allí también pero como una especie de conserje de la casa o algo así , rápidamente voltee y dije al equipo debemos volver no podemos quedarnos aquí si nos llegan a ver será ¡muy peligroso!, vamos nadie se levante arrástrese y síganme, nos arrastramos hasta cierta distancia que consideré segura y allí les explique lo que sucedía; muchachos eso que acabamos de ver es una casa de seguridad, quizás de un sujeto peligroso o la casa de seguridad de una granja de coca y si es así a nuestro alrededor deben haber varias granjas o laboratorios de drogas escondidos, así que lo más seguro es que estemos rodeados, pero no creo que nos hayan visto de lo contrario ya estaríamos muertos, debemos hacer un plan para poder salir de aquí con vida; si alguien tiene alguna idea, soy todo oídos. BERNARDO levantó la mano, tenía una idea, escuchen pienso que lo mejor es tratar de entrar a esa casa y tomar una de esas camionetas, conseguir información respecto a los caminos escondidos e irnos por allí, creo que es arriesgado pero es la opción mas viable, porque si rodeamos todo este sitio nada nos asegura que no nos encontraremos más gente de esta y quizás estemos en peores condiciones, concuerdo con él dijo EDUARD, deberíamos hacerle inteligencia y vigilarlos, tratar de establecer un plan para entrar a esa casa obtener información y así poder irnos, el resto de los muchachos estaban algo asustados por el plan que habían ofrecido Carlos y Eduard, a lo que les dije:

- muchachos por más duro que parezca el plan, eso es exactamente lo que debemos hacer para irnos de aquí porque rodear este sitio nos colocaría en mas peligro del que estamos ahora, ya estamos en una zona roja no estoy seguro de salir bien de esta; pero esa es la mejor opción, ¡hagámoslo bien! si queremos salir de aquí; escuchen: Hanna y Carlos vigilen la casa, quiero que sepan con exactitud cuantas personas hay allí, el resto deben rodear la zona en un radio de 200 metros, asegúrense de que no haya más nada a nuestro alrededor, yo trataré de acercarme y daré reconocimiento de la zona, son las 10:00am nos encontraremos aquí a las 05:00pm prosigan, ¡si Señor! dijeron todos y prosiguieron a las misiones que les había dado. Yo por otro lado poco a poco trataba de acercarme lo más que podía a la casa para obtener más información de ella y de lo que había adentro, tenía que saber ¿con quien o con que clase de personas estábamos tratando?, logré acercarme bastante hasta un matorral, allí me oculté hasta lograr ver un poco de lo que escondían dentro, al parecer eran paquetes ocultos en bolsas negras, eso era más que evidente ¡era droga!, ¡estábamos tratando con narcos! y como dije lo mas seguro era que hubiese granjas de coca a nuestro alrededor con esa información no quedaba duda que salir ilesos de allí era difícil. Seguí observando por unas horas paquetes entraban y salían los montaban en las camionetas y se las llevaban pero al salir las camionetas pocas personas quedaban dentro, el viejo conserje y dos o tres armados.

Al llegar la hora de reagruparnos me dirijo a donde estaban mis compañeros la mayoría ya estaba allí, faltaba Carla que llego asustaba unos minutos después ya que había visto un poco mas adelante otra casa o especie de casa, con varios hombres adentro los cuales tenia batas de farmacia o algo así eso era un laboratorio de coca allí hacia la cocácea o cualquier droga que ellos hicieran, cada vez esto se ponía peor, les dije muchachos: - Estamos en el centro del huracán, estamos a un lado de la casa de seguridad o almacén de la producción de drogas de la zona; ya

Carla logró dar con un laboratorio donde la fabrican, de seguro hay varios más a nuestro alrededor, así que nuestra única opción para salir vivos de aquí es el plan que ya habíamos dicho antes, tomar una camioneta de aquel lugar un mapa o a alguien que sepa como salir y tratar he irnos como si fuéramos uno de ellos, no será fácil pero es nuestra única opción así que ¡manos a la obra! en este momento no hay nadie en la casa , escuchen las camionetas llegan a las 12:00pm y luego se van a las 5.00pm imagino que ese es su horario y que recogen la mercancía para llevaran a un lugar donde la entregan o venden, debemos tomar la camioneta con la mercancía e inmovilizar a los que la conducen y seguir el itinerario que ellos tienen hasta llegar a la ciudad una vez allí tendremos que eliminar la camioneta y tratar de llegar a la embajada ese es el plan, mañana a las 09:00am damos inicio y les diré las instrucciones mediante transcurra el momento así que debemos estar atentos e improvisar cuidadosamente ya que no tenemos tiempo para armar un buen plan, debemos cuidarnos esta noche más que nunca.

Así transcurrió la noche en total oscuridad al igual que la noche anterior se visualizaban destellos de luz como de linternas a nuestro alrededor manteniéndonos en silencio no se percatarían de nuestra presencia.

Llego la luz del día y ya estábamos a punto de ponernos en marcha , muchachos ¿listos? ¡llego la hora de salir de aquí! ¡síganme! y no hagan ruido; uno tras otro fueron tras de mi llegando lo más cerca posible a la casa de seguridad; llegamos al matorral donde el día anterior estaba ocultándome. Escuchen Hanna y Carlos vengan conmigo el resto atentos al llegar las camionetas inmovilícenlos y métanlos a la casa nosotros tomaremos el lugar desde adentro, para que al momento de atacar las camionetas sea seguro entrar ¿de acuerdo? ¡sí señor! contestaron los demás, pues vamos, y así como serpientes arrastrándonos por el suelo llegamos al garaje donde nos escondimos, de sorpresa se abrió una puerta era el conserje el cual la cerro rápidamente y hablo en voz baja y dijo ¿quien es el líder de esta misión? ¡me sorprendí! ese viejo ya sabía de nuestra presencia, tuve que salir y dar la cara el viejo al verme dijo: llevan rato dando vueltas alrededor de la casa tranquilos nadie los ha visto solo yo, ¿quién eres tú viejo? le pregunte , soy prácticamente el que cuida esto pero tenia la esperanza que algún día podría salir de aquí y ustedes son mi boleto de salida así que por favor no me maten colaborare con ustedes, dentro de una hora llegarán dos camionetas a cargar estos paquetes que están aquí luego los llevaran a la ciudad donde los entregaran a otra casa de seguridad pero para salir de aquí necesitaran alguien que sepa el camino, yo los guiare , ¿como se que puedo confiar en ti viejo? le pregunte , ya estoy viejo para meterme en problemas muchacho solo quiero salir de aquí y ver a la gente que me importa aunque sea una última vez y morir feliz, está bien le dije aceptaremos tu ayuda pero si sospecho que harás algo raro veras tu familia en el otro mundo, está bien muchacho dijo el viejo por ahora solo hay 5 personas aquí incluyendo al jefe de la zona esta en un cuarto de seguridad detrás de un armario en el cuarto principal allí se oculta, cual es el nombre de ese sujeto le pregunte al viejo, su nombre es Daniel Cabrera, al escuchar el nombre mi mente regreso en el tiempo ese nombre me sonaba mucho me parecía muy conocido , busque en mi bolso y en efecto ese era el sujeto a quien debíamos seguir e identificar era alguien sumamente peligroso un narcotraficante brasileño escondido en la selva ya que había matado al varios personajes políticos en Brasil y en otros países también había metido su mano, debíamos llevarlo con nosotros también o matarlo de ser necesario con ellos la misión habría sido un éxito total ,.

El viejo nos dijo las posiciones exactas de cada uno de los 5 guardias que estaban en la casa uno a uno fuimos eliminándolos hasta que no quedo ninguno, como sabíamos Daniel estaba en un cuarto de seguridad el viejo trataría de hacerlo salir para que lo capturáramos a abrirse la puerta de dicho cuarto una ráfaga de disparos salieron de adentro, ya sabía que estábamos allí adentro habían cámaras, todos nos lanzamos al suelo mientras el psicópata disparaba como loco dejando agujeros en todos lados no tuve otra opción mas que arrojar una granada en ese cuarto volando todo a su alrededor incluyendo a ese sujeto al caer muerto era imperativo llevar el cuerpo con nosotros Hanna , Carlos envuelvan a esta escoria en bolsas debemos llevarlo con nosotros él es el motivo por el cual nos mandaron a este lugar, los muchachos estaban asustados pero hicieron bien su trabajo, cuando nos levantamos del suelo se empezaron a escuchar ráfagas de disparos afuera estaban enfrentándose las camionetas con el resto de mi tropa vi como Eduard caía abatido y el resto estaban acorralados, Sali disparando y matando a todos los que se encontraban en la camioneta mas cercana a la casa la otra camioneta intento Salir del sitio pero otra ráfaga de disparos la detuvo era el viejo de escabullo y se colocó en un posición de emboscada y acabo con el resto de las personas que se encontraban a bordo de la camioneta que quedaba , habíamos limpiado el lugar no había mas nadie que nosotros pero habíamos perdido a uno de los nuestros Eduard había caído en batalla, ¡rayos! ¿que sucedió aquí? ¿porque se dejaron ver? les dije en forma de regaño, Tom dijo al parecer ya sabían que estábamos aquí Señor, llegaron preparados para disparar contra todo los que estuviera dentro de la casa y no disparamos los habrían matado a todos ustedes, allí supe que Daniel desde su escondite había dado aviso de lo que estaba pasando aquí así que era muy probable que vinieran más a ayudar , rápido tomemos lo que necesitemos y vamos debemos salir de aquí yá, este viejo nos dirá el camino .

Subimos a las camionetas y salimos de ese lugar por un camino que solo ese viejo sabría y obviamente la gente que ya hacia vida allí entre monte maleza y arboles manejábamos con ansias de encontrar una carretera el viejo nos decía por donde , le pregunte ¿cual es tu nombre? , me dijo eso no importa lo importante es salir de aquí mientras menos sepa de ustedes y ustedes de mi mejor, al fin dijo Carlos que iba conduciendo veo una carretera al frente, el viejo dijo prepárense aquí es donde se pone fuerte, no paso ni un minuto de haber entrado a una carreta mas o menos decente donde se podía conducir cuando tres motocicletas estaban tras de nosotros a toda velocidad le hice señal a Tom que iba en la camioneta que estaba detrás que debíamos ir lo más rápido posible y con señales les dije que abrieran fuego en contra de las motocicletas, y allí comenzó el intercambio de balas entre aquellas tres motos y nosotros ya sabían que teníamos esos autos secuestrados su objetivo era exterminarnos, una lluvia de balas caían sobre nosotros en el camino habían algo parecido a puestos de control obviamente pertenecientes al capo que llevábamos envuelto dentro de nuestra camioneta querían a como de lugar matarnos, pero nuestra respuesta también era eficaz uno tras otro caía a manos de nuestras balas, mi equipo aunque parecieran asustadizos respondía bien al fuego enemigo, tenía esperanzas de salir de allí cada metro que avanzábamos me alegraba la vida , aquel viejo decía: no paren avancen , las tres motos ya habían caído y no se escuchaba ninguna detonación a nuestro alrededor, las camionetas estaban llenas de agujeros pero aun rodaban, aquel anciano tomo mi mano fuerte y me dijo ya casi llegamos tuvieron suerte muchachos, le dije gracias a ti logramos salir viejo al parecer podrás ver a tus personas queridas y morir en paz, me contesto ya puedo morir en paz amigo, lo único que quería era salir de aquel lugar y poder enviar estas cartas que llevo conmigo desde que estoy aquí, las sacó de su chaqueta y me las coloco en mi mano eran alrededor de 20 cartas estaban llenas de sangre, lo miré y le pregunte: ¿de quien es esa sangre anciano? Me dijo no importa muchacho, quiero pedirte un favor, ¿podrías enviar estas cartas por mi? te lo agradecería en el alma, ¡gracias por sacarme de ese lugar! estaré en deuda contigo siempre, un disparo a lo largo logro darle en un costado del tórax al viejo y perforó un órgano vital, llevaba todo el camino desangrándose y se mantuvo en silencio para no preocuparnos o desconcentrarnos de la misión, que era salir de allí. Ese anciano nos había sacado de ese infierno a coste de su vida, entre mis manos cayó moribundo con una sonrisa en su rostro de satisfacción, la tristeza nuevamente toco mi corazón de manera repentina ya era costumbre que estas cosas me pasaran a mí, con algo de tristeza lo miré y me dijo deben dejarme por aquí arrójenme del auto no pueden llegar conmigo a aquel lugar, si en la ciudad se dan cuenta que estoy en el auto tomarán mi cuerpo y lo quemarán, descuartizarán o cualquier cosa que se les ocurra, soy tan odiado como este capo, cada vez que el venía aquí a hacer de las suyas yo estaba allí, así que al verme a mi me asocian con él, quiero terminar de morir en paz por favor arrójame de la camioneta , ¡no! te llevare conmigo, nadie te hará nada de eso te hare un funeral , gracias a ti logramos salir de allí me escuchaste, por cierto anciano cuál es tu nombre?, mi nombre es ……. El silencio se hizo dueño del momento para hacerme entender que la partida de mi amigo anciano se había completado, había muerto en mis manos coloque su cadáver en la parte trasera del carro mientras los muchachos veían con algo de tristeza.

Al llegar al pueblo la gente miraba las camionetas llenas de agujeran de bala con miedo sabían que esos autos eran del capo DANIEL pero estando en esas condiciones algo había pasado y se fueron detrás de las camionetas nosotros seguimos avanzando hasta llegar a un puesto policías de esa pequeña ciudad en Brasil al llegar muchos efectivos policiales salieron armados y apuntándonos, Salgan con las manos arriba gritaban, baje de la camioneta anunciando que era un oficial al igual que ellos, que no tenia nada que ver con aquella gente mala, los oficiales se acercaron y nos revisaron a todos y al revisar los autos miraron los cadáveres del capo de mi amigo el viejo y del soldado Eduard, uno de ellos al parecer el jefe de la policía nos pidió explicación al respecto y yo le entregue la orden de mis superior, una hoja donde se explicaba nuestra misión y de donde veníamos, el la miro y nos extendió su mano mientras el resto de los policías de paraban firmes ante nosotros, pasen por aquí deben descansar y comer algo nosotros nos encargaremos del resto nos dijeron, les dije que a los cadáveres que estaban allí debía ser llevamos a nuestro país para que se les diera un entierro digno, el capo debe ser verificado y llevado ante la justicia de nuestro país para su verificación , ¡claro Señor! dijo el policía nos ha librado de este hombre que nos mantenía bajo alerta máxima día a día, esto era una zona de guerra gracias a este sujeto, creo que podremos estar tranquilos un tiempo, aparte de eso aquí hay una ruta marcada en el mapa de los lugares donde se encuentran las granjas de coca de este sujeto y su casa de seguridad, deben organizar un operativo para desmantelarlas lo antes posible, ¡gracias teniente esto nos ayudara a limpiar esta zona!.

Al día siguiente ya estábamos descansados y esperándonos afuera estaba una camioneta para llevarnos al aeropuerto donde estaba un avión listo para llevarnos a casa, quería llegar a mi departamento ¡esta misión había sido un éxito!, pero a costa de la vida de un integrante de mi equipo y eso me afectaría por un tiempo necesitaba descansar.

Al llegar a avión subimos los cadáveres y me acosté a tomar una siesta mientras mi tropa, triste por la pérdida de Eduard daban gracias a Dios por haber salido de aquel lugar.

Me levante cuando ya habíamos aterrizado en nuestro país, mire a mi alrededor ya habían bajado los cadáveres y estaba el general ANDRES esperándome abajo, me dijo buen trabajo JIMMY pese a la baja del cabo Eduard la misión fue un éxito no solo vieron al capo DANIEL sino que lo aniquilaron mis mas sinceras felicitaciones a partir de hoy este será tu tropa entrénalos, guíalos y tómense una semana de descanso se la merecen, si necesitan algo avísenme, alrededor del general estaban otros oficiales adscritos a otros departamentos de estado quizás seguridad nacional y antinarcóticos obviamente los cuales nos miraban con agradecimiento, lo que acabábamos de hacer al parecer era algo mas grande de lo que creíamos pero no se nos daba más información al respecto solo las gracias.

Tome mis cosas y me retire, mire a mi alrededor y estaban todos los muchachos Hanna, Carlos, Tom, Carla, Bernardo y pedro siguiéndome Señor ¿que haremos ahora? me dijo Carlos, tienen una semana de descanso, hagan lo que quieran nos veremos aquí; luego de eso a partir de hoy se presentaran conmigo

¿de acuerdo? ¡si Señor! contestaron todos, y cada uno tomo su camino, yo me dirigí a mi hogar mirando dentro de mi bolso las cartas que me había entregado aquel anciano y haciendo honor a su memoria iba a entregarlas personalmente para darles gracias a sus hijos o familia y decirles que su padre o esposo a cualquier persona que lo esperara que fué un gran hombre y que nos ayudó mucho.

Al día siguiente tome mi auto y las cartas y me dispuse a ir a entregarlas, vi la dirección y note que la dirección apuntaba a una ciudad conocida así que podía ir manejando, tome mi auto y fue a la dirección que apuntaban las cartas mientras más manejaba más conocido se me hacia el camino y el paisaje, muchas cosas me parecían familiar en el recorrido, al llegar al urbanismo donde se suponía estaba la casa donde debía entregar dichas cartas inmediatamente supe que allí era el lugar donde había transcurrido parte de mi niñez, recuerdos pasaron por mi mente tan rápido que me faltaba el aliento, parecía que iba a vomitar de lo exaltado que estaba por llegar a aquel lugar el cual era donde vivía de niño junto a mi madre pero mas exaltante fue ver la mi casa, donde vivía de niño estaba envuelta en arbustos y malezas que con el pasar del tiempo de adueñaron de aquella vivienda, en total abandono estaba desde el momento en el que decidí irme de allí teniendo solo 8 años de edad, me baje de mi auto y entre a la casa mirando y recordando por todo lo que pase junto a mi madre en este lugar , estaba tan desolado tan triste y frio que no aguantaba estar allí los recuerdos inundaban mi mente y no me dejaban en paz me di media vuelta y tome las cartas para entregarlas en el buzón donde debía quizás la casa estaría cerca de allí al mirar la dirección tallaba exactamente el buzón de mi casa en ruinas , todas esas cartas tenían la misma dirección apuntando al hogar en abandono que deje hace tanto, pensé que moriría al darme cuenta de eso, las tome todas las cartas y me senté en frente de la casa las abrí, una a una semana de intervalo ósea que escribía cada semana al abrir y ver el nombre de mi padre allí JAMES PHILL no podía creer lo que estaba viendo aquellas cartas eran de mi padre hacia mi (hijo espero estés bien quiero pedirte perdón por no haberte escrito durante tanto tiempo fuí enviado a una misión en la selva amazónica y no se cuando vuelta te amo tu padre siempre pienso en ti y cuando regrese de esta misión dejaré esto y te buscaré, hijo ya he pasado por muchas cosas en este lugar, pero te prometo que estaremos juntos de una manera u otra entre otras cosas que veía en las cartas lagrimas salían de mis ojos sin parar a darme cuenta que la persona que tanto busque y creí haber perdido para siempre me salvo de aquel lugar y murió sacándome de le sin saber quiénes éramos nos cuidamos, siempre pensando en alguien en común, ¡ese anciano era mi padre! que sin saberlo me protegió y sin darse cuenta me entregó el mismo sus cartas, no podía creer que había conocido a mi padre y había muerto en mis manos, sentía alegría entre otras cosas, todo junto , pero por encima de todo me alegraba que sin querer había conocido a mi padre, sin saber quiénes éramos nos conocimos y nos ayudamos, llorando tome las cartas y entré en la casa subí a mi antigua habitación viendo mi casa sucia y llena de mugre me acosté allí como el niño que una vez se acostó allí, a revisar toda la correspondencia que me había llegado casi del más allá ...

Printed by Books on Demand GmbH, Norderstedt / Germany